Aus Liebe & Aus Leidenschaft

Catrin du Coeur

Aus Liebe
&
Aus Leidenschaft

Poetisches Philosophisches

Gesellschaftliches

Bibliografische Information der Deutschen Nationalbibliothek:
Die Deutsche Nationalbibliothek verzeichnet diese Publikation in der Deutschen Nationalbibliografie; detaillierte bibliografische Daten sind im Internet über http://dnb.dnb.de abrufbar.

© *2012 Catrin du Coeur*

Herstellung und Verlag: BoD – Books on Demand, Norderstedt

ISBN: 978-3-8482-5424-8

Ich begrüße Sie von Herzen,

wie schön ist es, dass Sie meine Zeilen lesen und entdecken was mich aus Liebe und aus Leidenschaft beschäftigt.

Kommen Sie mit mir durch kleine Auszüge der Liebe, unserer Gesellschaft allgemein und unserer Natur.

Es ist nicht mit der Absicht geordnet, sich allein an den Verstand zu wenden, sondern es soll wie ein locker, ein leichter gebundener Blumenstrauß sein und auch zum Herzen sprechen.

Und so ist auch die Gestaltung der Seiten gemacht..

Ich wähle für Sie aus meinen Schriften, die auch aus meiner Professionalisierung entstanden sind und den Studien, die ich begeistert dazu fortführe.

Gewachsen aus den neugierigen und staunenden Beobachtungen, um die wunderbaren Entwicklungen des Lebens und dessen Möglichkeiten aus schwierigen Situationen zu gewinnen und zu entdecken.

Mein eigenes Leben hat erste Erfahrungen und Interessen geschaffen. Die Liebe zur Poesie und die Leidenschaft den Dingen auf den Grund zu gehen und dort Ursprüngliches und Wesentliches zu entdecken, begannen schon in früher Jugendzeit.

Was ich später durch eine Krankzeit erfuhr, hätte ich wahrscheinlich ohne sie, nicht in dieser Tiefe gesucht und erlangt. Jetzt bin ich dankbar. So sind es Licht und Schatten, die es vermögen, das Leben in einem Menschen tiefer zu beeindrucken.

Und immer weiter sind es die Menschen, die mir in der Arbeit zur Professionalisierung, in Freundschaften, in Zusammenarbeiten und in Begegnungen, soviel beibringen, dass ich bewundernd und leidenschaftlich meinen Interessen, wagen Ansätzen in der Psychologie und der Philosophie, folgen kann.

Was ist an der Poesie so besonderes und warum drücke ich mich gerne in poetischer Form aus?

Eine genaue und immer gültige Antwort, kann ich darauf wohl nicht geben. Doch ich sage: Weil sich unsere Erlebnisse, die leichten und fröhlichen, wie auch die schweren und tiefen, darin allgemein verarbeiten lassen. Es wird anschaulich und damit für den Leser, wie für den Verfasser besser zu entdecken und zu verstehen.

Es fördert auf so schöne Weise die Formulierung und ein entspanntes Zuhören, weswegen ich es schon für Kinder, für so besonders wertvoll halte.

Nun heißt mein Buch "Aus Liebe & Aus Leidenschaft" und so will ich, trotzdem meiner großen Freude und Bewunderung für jede Jahreszeit, doch im Besonderen dem Herbst und dem Winter, sowie der Weihnachtszeit, in diesem Buch Zeilen schenken.

Und doch ist alles ganz natürlich ein Ganzes. Und so, bevor wir zum Thema "Liebe", im Buch gelangen, erzähle ich Ihnen noch von einer kleinen Entdeckung, die ich auf einem Foto machte.

Die Größe des Ganzen wurde mir bewusster, als ich ein Foto betrachtete, das ich an einem Herbsttag machte:

Ich fotografierte einen Baum am Rande des Waldes, der zur offenen Straßenseite hin schon gelbe Blätter trug und zum Walde hin noch grünte. Ein wunderschönes Bild, der beginnende Herbst. Als ich das Bild vergrößerte und nun nur noch der Baum einzeln zu sehen war, hatte das Bild seine Herrlichkeit verloren und der Baum erschien fast jämmerlich.

Erst als ich den Baum wieder im Zusammenhang mit seiner Umgebung und dem Ursprung seiner so verschiedenen Färbung sehen konnte, gewann das Bild an Schönheit und an Großartigkeit zurück.

Und ganz so, verhält es sich auch mit uns Menschen.

Ich wünsche Ihnen schöne Momente beim Lesen. Und ich wünsche mir, dass es für Sie eine ähnlich große Freude beim Lesen sein wird, wie sie es mir beim Zusammenstellen der Zeilen war. Der leichten Poesie, kleinen Geschichten und den leichten Auszügen aus verschiedenen Erfahrungen und Arbeiten.

Ihre Catrin du Coeur

LIEBE IN DER GANZEN SCHÖNHEIT DES LEBENS

Liebe,

In Entwicklung entdecken

In Glück erleben

In Zufriedenheit fühlen

In Anerkennung bewahren

Ist

Die größte Sehnsucht

Das größte Ziel

Der größte Wert

Und

Alles

Für was alles getan wird.

Der Begriff Liebe ist so dehnbar für uns und zeigt damit, dass alles aus Liebe entspringt und erst durch Liebe wird es groß.

Motivation, ein Antrieb, Mut etwas zu wagen, entstehen oft aus Liebe.

Liebe in eine Erinnerung, der wir glücklich denken, oder die Liebe an eine Vorstellung mit dem Wunsch, diesen zu erreichen.

Ich habe auch erlebt, wie mich die Liebe in einem Umstand mutiger werden ließ.

Und ich schaue in Liebe auf unsere Natur und erlebe Momente des Glücks.

Momente des Glücks

Zeigen sich in einer Farbe,
Fühlen sich in einem Duft,
Oder ist's ein Sonnenstrahle,
Der dann Sehnsucht in uns ruft.

Manchmal klingt nur sanft ein Tone.
Manchmal durch ein Angesicht.
Keine Spur in einem Hohne.
Aller Unmut schier zerbricht.

*Es sind diese Momente, die uns für Augenblicke un-
sere Möglichkeiten bewusst erleben lassen. Die uns
die Größe und die Schönheit unserer Vorstellungen
zeigen. Eine Chance für uns, diesen nachzugehen.*

Dazu fällt mir dieses schöne Zitat ein:

*"Und es kam der Tag, da das Risiko in der Blüte zu
verharren schmerzlicher wurde, als das Risiko, zu
erblühn."*

       (Anis Nin)

Das eben ist Glück

Weiße Wintersonne wärmt
Im Rücken mein Gemüt.
Das Zimmer, lichtdurchflutet,
Mit sanften Schatten.
In jedem Indirekten Strahle,
Ein Stück Erinnrung liegt.
Bilder und Schmetterlinge flattern.

Und heraus dem Augenblick
Strahlt eine Lust,
Strahlt eine Kraft,
Steigen Ideen in Zuversicht
Nur innig lieb bedacht.

Allein es ist die Dankbarkeit,
Die der Moment entdeckt,
Die Unmut jäh verstummen lässt,
Der Fehltritt nichts versucht.
Ein Hauch, beschenkt mit Toleranz,
Gefühlvollem Respekt,
Allein noch dieses Glück erkannt!
Belohnt sei der Versuch.

Im Glück sehen wir die Liebe. In glücklichen Momenten glauben wir so gerne an sie.

In einer Beziehung zwischen Menschen, kann die Liebe, die sie miteinander verbindet auch mal schmerzen. Doch es bleibt Liebe und wenn wir uns im Vertrauen darauf einlassen und den anderen ein Stück verstehen, wächst aus den Schmerzen ein Reichtum.

Eine eigene Erkenntnis ist es, e t w a s zu akzeptieren. Akzeptanz ist auch ein Ausdruck von Liebe. Hernach noch einmal auf den Gegenstand und die damit verbundene Situation schauen und es ist ein beruhigender Abstand entstanden. Kein trennender, sondern ein respektvoller und damit wird Nähe gewonnen.

Akzeptanz: Nicht nur in unserer Liebe wesentlich. Genauso in der Gesellschaft und immer zu beobachten in unserer Natur.

Wieder Licht und Schatten, das uns tiefen Eindruck gibt.

Erfüllung

Sehnsucht, die mein Herz berührte,
Eine Seele, die mich fand,
Voller Geist, der mich verführte,
Golden Schatz und edles Band.

Gefunden

Weist Du noch, als wir uns fehlten?
Jetzt glücklich nur, kann ich Dich sehn.
Zärtlich darf ich Dir erwidern,
Spüren. Leben, mit Dir gehen.

Werde von Dir festgehalten,
Wenn ich will, doch bleibt auch Raum
Und Freiheit mich wohl zu entfalten
Und trage dabei Dein Vertraun.

Ich darf falln, in Deine Arme.
Und Du lässt Dich sinken hier.
Jeder schaut des andern Seele,
Sieht das Glück: Ich bin bei Dir.

Und ich kann so viel erreichen.
Machst mich stark, ich schaue auf.
Gleiches willst auch Du mir weisen,
Halt ich meinen Finger auf
Diese Lippen, die jetzt lächeln,
Auf ein Herz, das scheint zu glühn!
Oh, so hab ich Dich verstanden.
Oh, so hab ich es gesehn.

Ich glaub fest an unser Leben.
Und ich werde darauf baun.
Golden Schwächen so zu lieben,
Dass sie unsern Stärken taun.

Wunderschön das Licht hier draußen.
Wundervoll die Schatten hier.
Wunderbar den Duft zu atmen.
Wunder nah, zu sein mit Dir!

Uns

Ganz in Zärtlichkeit verbunden,
Nehmen feine Bilder wahr
Auf Wiesen, Wegen droben, drunten
Unsre Nähe immer dar.

Im Augenblick der süßen Wünsche,
Der Träume tiefster Sinnlichkeit,
Wird eigens Sehnsucht uns geboren
Gewoben für die Ewigkeit.

Vertrauen

Süßer Geigen hoher Lieder.
Sehnsucht die der Fülle drängt.
Kerzen schwül im Dunkel schwimmen.
Tropfen der den Hügel rinnt.

Bunter Reigen aller Orten.
Veilchenblau genäht ein Tuch.
Lodernd Licht aus heißem Feuer,
Wirft den Schein, zeigt ein Gesuch.

Sternkristalle aus dem Himmel.
Alles schläft, nimmt neue Kraft.
Kleine Tränen, warmes Sehnen
Tief gehüllt in ruhend Nacht.

Lieblich neckend locken Glöckchen.
Zart beginnt, erwacht das Blühn.
Sanft umhüllte Blütenknospen
Wollen springen, wollen wehn.

Bittersüß' Erinnrung wachet.
Schmachtend Sehnsucht. Hoffnung braut.
Wieder hoch die Geigen klingen,
Gemüter tief in Liebe taucht.

Wieder Blätter bunter Reigen.
Wieder Sehnsucht Veilchenblau.
Wieder Sternkristall am Himmel.
Wieder Wärmehüllen rau.

Wieder zarte Glöcklein klingen.
Wieder rosa strahlend Schein.
Wieder sanft umhüllte Knospen.
Wollen nun gesehen sein.

Viele Tage. Viele Monde.
Vieler Lichterkerzen Schein.
Viele Tropfen, hohe Lieder.
Wann nun wird es soweit sein?

Nur der Wünsche wahrer Bilder,
Odem an die Seele reif.
Nur der Treue tiefem Eigen
Steht der Weg frei, steht Begreif'.

*Oh, welch' ein so großes Glück ist es, in Liebe mit
einem Partner zu sein. Sogar die Partnerschaft für ein
Leben zu finden. Welcher Anspruch darf dann genü-
gen, welche Werte dürfen bestimmen, was gibt die
Sicherheit? Und wie viel Licht und Schatten verträgt
ein Gemüt. Und wie viel Irrungen braucht es gar?*

*Auf einmal scheint die Welt nur noch kompliziert.
Und welche Rollen spielen Geld und Macht dabei?*

*Einen Dank an Gotthold Ephraim Lessing. Folgendes
Gedicht von ihm berührt merkwürdig.*

Ich habe es in alter Schreibweise belassen:

Merkur und Amor

Merkur und Amor zogen
Auf Abenteuer durch das Land.
Einst wünscht sich jener Pfeil und Bogen;
Und giebt für Amors Pfeil und Bogen
Ihm seinen vollen Beutel Pfand.

Mit so vertauschten Waffen zogen,
Und ziehn noch, beide durch das Land.
Wenn jener Wucher sucht mit Pfeil und Bogen,
Entzündet dieser Herzen durch das Pfand.

(G. E. Lessing)

So kann es sich auch ins Gegenteil äußern und es verwirkt eine Liebe aus Angst, selber nur geblendet zu sein und dann unglücklich zu werden.

Nur vielleicht war es in der Tat keine große, tiefempfundene Liebe.

Andernfalls lehrt dies ein Leben lang.

Die Kutsche

Hörst der Glocken vollen Klang,
Denkst der Glöckchen feinem Leuten.
Zart erbaut sich Ton an Ton
Lächelst hoffnungsvoll den Bräuten.

"Wenig Worte"

Nur die wenigen Worte
Konnten mich halten
Nur der wenigen Worte
Konnte ich walten
Deine wenigen Worte
Haben mich leben lassen
Nach wenigen Worten
Zu Dir streben lassen
Atemlos und schmerzbetäubt
Gegen Worte mich gesträubt
Deine so lebendig Zeilen
Konnten für die Zeit das heilen
Deine so lebendig Worte
Hoben mich der leichten Orte
Konnt ich atmen, Konnt ich reden
Nach gefassten Zeilen streben
In meinen Wort

Aus Liebe und Aus Leidenschaft

Aus Liebe nur will ich es tragen
Aus Liebe werde ich es wagen
Will immer nur in Lieb' es ehren
Will mich drum der Schwächen wehren.
Bewundern will ich diese Höhn
Ferne Wahrheit will ich sehn
Und dem Grün der Flächen danken
Dort, wo neue Triebe ranken!
Und aus Leidenschaft solls sein
Und aus Leidenschaft allein
Wächst dem Mut ein starkes Band
Das sich aus der Liebe fand.
Leben ist es, das ich mein'!

Sinnende Harmonie in Poesie

Ein Paar wie Geigen zartbesaitet
Schüttet Wein in Becher gleich
Ein Paar von Engeln wohl geleitet
Macht sich so unendlich reich

(R.E.-P.)

Ein Dank euch lieben Engeln, allen
Euch guten Geistern ein Gefühl
Es soll durch alle Sphären hallen
In unserm Klang und hält nicht still

(CC)

Ein Klang der klinget wie ein Turm
An dem die zarten Falken kreisen
Die finden wir in wildem Sturm
Wenn wir mit den Sinnen reisen

(R.E.-P.)

Eine Muße

Wort, so leicht aus jener Feder.
So frei das Atmen, so frei das Tun.
Kann sich nackt der Tat hingeben.
Braucht der Anstrengung nicht ruhn.

Taucht vertraut die eine Seele
In ein Antlitz, das ihr eben.
Tiefer Geist, er lässt sie sein.
Nahe Seele lässt sie leben.

Nächteleuchten

Lose Verse binden sich in losem Prunk
Geister sammeln sich zu einer großen Schar
Nähren Zellen Zauber Punkt für Punkt
Nun Masken mischen sich wo Tanz noch war

Aufgewühlt und Kastagnetten klingen hell
Ihres Rosenhimmels einzig Talisman
Zauberstab und wüster Felsen Spiel
Kommen einmal noch, Brandende heran

Nur Ihr Hafen schenkt den heiser Wellen Rast
Erfüllte Barke von weißer Zärtlichkeit
Schreie dringen von des Schiffe Mast
Wo aufgelöst ein Herz ein Sein ein Weib

R.E.-P.

Kapitän

Durch Sturm, durch Regen, durch sengende Sonne
Ich steuer' das Schiff schon, einzig wütet die Gischt.
Unser Seelen sie fassen, dem ein Blick ist die Wonne.
Diese Kraft, dieser Reichtum,dieses strahlende Licht.

Wochen dem Meer ist entfaltet der Bogen.
Meine Scherpe in hunderten Farben. Ein Glanz.
Meine Hose ist zärtlich mit Perlen durchzogen.
Meiner Schnalle ein goldenes Zeichen gestanzt.

Doch Fragen zur Liebe, ganz gleich welcher Art
Und mag ich die Schmerzen auch gerne ertragen,
Steht zur Seite mir dann im Rat nur ein Maat.
Muss ich dann seine fragenden Blicke ertragen.

Besonders

Worte Zeilen Wunder nah
Traute Bilder sternenklar
Sinken nehmen Nähe spüren
Stück für Stück so tief berühren

Küsten schiffen Flaggen hissen
Bald berührt mit zartem Küssen
Nah die seine ihrer Hand
Raum genug spielt seidig Band

Lächeln möchte sie seiner Augen
Funkeln strahlen viel erlauben
Sanft das Haar die Nas' berühren
Die Wärme seines Körpers spüren

Tiefes Fühlen tiefe Zeilen
Wollen ihr Vertraun erlauben
Blicke schärfen Blicke teilen
Nichts will ihr die Sinne rauben

Ernste Worte hohe Lieder
Ganze Seele ist geweckt
Stetig innig gar kein Leugnen
Zu fühlen was sich wägt versteckt

Vertrauen in die lieben Worte
Und damit diese Dankbarkeit
Sind – in diesem großen Maße
Niemals Selbstverständlichkeit.

Eine Liebe

Stellt in schönem Sonnenlichte
Sich ein Herr vor, einer Dame.
Gar nicht förmlich, nur ganz schlichte
Kurzer Gruß und kurzer Name.
Höflich nimmt sie diesen an,
Erwidert ihn und geht sodann.

"Dennoch schien sein Blick verwegen."
Spricht sie laut aus ihrem Sinn.
Ihrer Hingabe verlegen,
Fühlt sie einen Anbeginn.
Riskiert sacht noch einen Blick
Und dieser Herr! Er winkt zurück!

Nun beginnen brave Tage
Voller liebster Höflichkeit.
Geben sich Gedichte, wage
Und sind zu hohem Lied bereit.
Verliebt umwirbt er so er will.
Gleich sie erwidert mit Gefühl.

"Denken gleich und doch verschieden,
als wär entfaltet eine Welt.
Mit unsern Blättern, die beschrieben
Bauen wir gar großes Zelt."

"Denken gleich und auch verschieden.
Gleich und gleich wär auch gefehlt.
So ist durch tiefen Geist beschrieben,
was die Seele wahrlich zählt."

Und so wirkt selbst Tages Trübe,
Als leichter strahlend Hochgenuss.
Gekrönt wird diese feine Liebe
Durch deren tiefsten, festen Kuss.
Doch ein aufrechtes Begehr,
Zeigt sich in keinem Leichten mehr.

Will ein stolzer Herr er bleiben.
Ihrer Anmut noch gewonnen.
Wills die Dame so nicht leiden.
Ist die Neigung bald zerronnen.
Halten sie noch einig Tuch,
Bleibt noch der Liebe nächst Gesuch.

Beide missen jene Worte.
Denn schenkten sie dem Eigen Mut.
In Gedanken ihrer Orte,
Trägt der Freund im Herzen Glut.
Und so trägt ein Anbeginn
Für die Menschen tiefen Sinn.

"Wir sind gleich und auch verschieden.
Und wir sind zum Sehn bereit.
Sind Geschichten nicht geschrieben.
Unser Denken reicht so weit.

Wir sind gleich und doch verschieden.
Bauen eine Einzigkeit.
Wir sind Gründe, die geblieben.
Und schenkten uns so diese Zeit."

(die Dialogstrophen entstanden mit R.E.-P.)

Mit feinen Zeilen begleitete Reinhard Eberl-Pacan.

Außer seiner Hingabe zum Beruf als Dipl. Ingenieur und Planer im vorbeugenden Brandschutz, die er mit bewundernder Konsequenz und Verantwortung erfüllt, empfinde ich ihn als großartigen Poeten.

Danke für die Zeilen.

Freundschaft

Dieses schnürende Erdrücken
Und das Wissen, dies Entzücken
Wird nicht einzuhalten sein.
Das Gefühl dann oft allein.
Wollen nichts in nichts beschränken.
Will auch keiner andern kränken.
Denn sie schätzen sich.
Ließen niemals sich im Stich
Wenn es ihre Freundschaft braucht
Sind sie in Vertraun getaucht.

Und so ist es außerdem, die Liebe zu unseren Freun-
den, die wir brauchen und so gerne zurück geben, die
Liebe zu unseren Familien, die uns zusammenhält, die
Liebe zu unseren Eltern, die wir uns immer aufrecht
wünschen und so sehr missen würden und so gibt es
noch eine ganz besondere Art der L i e b e, nämlich die
z u   u n s e r e n   K i n d e r n.

Und was bleiben mir da schon Worte zu sagen, außer
die liebevolle Ausstrahlung des Wortes zu betonen.
Der Kinder Liebe ist so echt.

Wenn ich manchmal Zweifel trage im Alltag. Oder
wenn ich vor einem Tun unbedingt den Sinn beant-
wortet haben will und vorher nicht ins Tun finde,
dann sind die Kinder das stärkste Argument und
meine Antwort.

Die Kinder sind unmittelbare Zukunft. Ihnen können
wir geben, was uns wertvoll erscheint. An ihrem Ver-
trauen, auch ohne Antwort, können wir uns Beispiel
nehmen. Es ist uns nicht leicht, bei allen Sorgen und
Nöten, diese Liebe immer so zu leben und unseren
Kindern zu zeigen, wie wir es doch fühlen, doch wir
sollen es versuchen.

Sie liegen uns am Herzen und nicht nur die eigenen.
Jedes trägt eine besondere Freude, trägt das nächste
Große, bewahrt das Kleine.

In Liebe.

Perlen

Sie sind einzig ihrer Form.
Jede noch so kleine Kerbe
Gibt dem Maß die neue Norm
Und der Perle eine Ehre.

Geschützt gewachsen gibt es sie.
Wohlbehütet ihrem Hause.
Noch geschliffen passen sie
In die Norm gleich aufs Genauste.

Manche Perlen sind gezüchtet.
In kleinen Töpfchen wild und voll.
Wenn solches erst im Schmuckstück flüchtet,
Wird Einzigkeit dann wundervoll.

Jede Schramme, Druck vom Töpfchen,
Jede Blässe, jeder Glanz
Wird mit jedem Tage weicher.
Bald mit Zeit und Reife ganz.

Du bist für mich wie eine Perle.
Stets verbunden meinem Herz.
Nun darf ich schauen Dein Erwachen,
Doch mich drückt manch' Abschiedsschmerz.

Mit lieber Hoffnung
Und in Liebe
Mama

Es war einmal ein Schiffchen

Ein Schiffchen war einst winzig klein
Und schaute man genau hinein
So sah man drinnen schönen Schrein
Wo mögen nur die Leute sein?

Das Schiffchen fuhr bald hin und her
Von einem bald zum andern Meer
Kein Abschied ohne Wiederkehr
Das ward dem Schiffchen auch noch schwer.

Bald fuhr das Schiffchen wieder fort
Man glaubt es schon an fernem Ort
Und wartet noch in Heim und Hort
Das Schiffchen trägt nun Leut' an Board

Und aus dem Schiffchen ward als dann
Ein Schiff das vieles tragen kann
Dem Hafen wird's ums Herze bang
Die Fahrten werden langsam lang.

In lieben Wünschen
Und in Liebe
Mama

GESELLSCHAFTLICHES

"Der intuitive Geist ist ein heiliges Geschenk . Der rationelle Geist ein treuer Diener. Wir haben eine Gesellschaft erschaffen, die den Diener ehrt und das Geschenk vergessen hat."

(Albert Einstein)

Albert Einstein hat uns hier das Tor zu diesem nächsten Thema geöffnet. Dankeschön dafür.

Er sprach diese Wahrheit so bildhaft aus, dass wir die Folgen, beim Lesen der Zeilen, wie einen Film, vor unserem inneren Auge sehen können.

Spätestens jetzt ist es Zeit, das ''Geschenk'' zu ehren.

Ich halte ''dieses Geschenk'' für wesentlich, ja für fundamental, den Sinn des Lebens zu entdecken.

Innerhalb der Professionalisierung und meinen Studien, halte ich die Intuition und das ''Bauchgefühl'' für wesentlich zu jeder Entwicklung und für unverzichtbar für jeden persönlich. Im Beruf und in der Gesellschaft.

Ich denke die Intuition und das sogenannte Bauchgefühl, sind nicht dasselbe.

Spontane, zu anfangs gedankenfreie Reaktionen, sind intuitiv. Etwa wenn wir unser Kind bewahren, kurz bevor es einen unbedachten Schritt auf die Straße macht. Oder wenn wir uns aufrichten, unsere Haltung kontrollieren, kurz bevor wir einem beruflich wichtigen Gesprächspartner gegenübertreten.

Eine Entscheidung, die nach dem Gefühl bewusst getroffen wird, entscheidet das Bauchgefühl. Etwa wenn es um eine Vertrauensfrage im Büro geht. Oder wenn ich die Schule für mein Kind wähle.

In beiden Fällen liefert das Unterbewusstsein die entscheidenden Impulse. Einmal instinktiv und das andere Mal zudem aus der Erfahrung, über ein Gefühl, *das es uns ermöglicht, dann bewusst und mit dem Verstand, die Botschaft des Unterbewussten zu nutzen.*

Wir brauchen eine Gesellschaft, die der Intuition eine größere Rolle beimisst.

Vernunft ist ein rein bewusstes Verfahren. Es braucht jedoch, so denke ich, zudem eine nächste, eine intuitive Betrachtung, um einen Gegenstand beurteilen zu können. Schon um ihn zu sehen…

Unser Unterbewusstsein lebt stets in der Gegenwart. Während unser Bewusstsein stets einen ''Tick'' nachhängt.

Vertrauen bedeutet für mich, in diesem Fall, ein Zauberwort.

Gefühlsvertrauen

Darf es auch nur milde sein,
Dass wir eine Brise spüren
Und den Schimmer dann allein,
Mit uns in Gedanken führen.

Strahlt er uns als Licht ein Stück.
Wolln wir ihn so gerne fangen.
Brauchen ihn, den Augenblick.
Längst schon ist er dann gegangen.

Strahlt er noch.

Prinzipien schränken die Entwicklung ein. Die Werte sind es, an denen wir uns halten dürfen. Sie geben der Seele Mut und lassen Veränderungen zu. Ohne Veränderung gibt es keine Entwicklung.

Ein wunderschöner Gedanke ist mir gekommen, als ich über die verschiedenen Wege nachdachte, die wir gehen, in unserem Leben. Über die Zögerlichen, vielleicht die Umwege und über die Spontanen und über die Geradlinigen:

Keinen Schritt kommt man weit, wenn der Verstand stets zweifelt, ob der Weg richtig sei, nur weil man morgen schon anderer Ansicht sein könnte.
Doch welch' schönes Weggebilde, jedes Menschen, muss es von oben betrachtet sein, geht man ganz nach seinem Sinn und korrigiert den Weg, sobald man fest anderer Ansicht ist.

Da musste ich lächelnd auch an mich denken. Eine gesunde Mischung macht es wohl aus, wie es so treffend heißt.

Lebenslust

Und der Morgen noch im Regen,
Lässt Gedanken freien Lauf.
Lässt sie streben und bewegen!
Mal ganz tief, mal hoch hinauf!

Später, wenn die Sonnenstrahlen
Es geschafft durch tiefes Grau,
Später, wenn sich Blumen ahlen,
Bunt im Licht durch tiefes Blau,

Dann! Erwachen Mut und Lüste
Hoch zu wachsen! Hoch hinaus!
Leicht fühlt dann ein schweres Streben,
Flüstert drängend: Gib nicht auf.

Wie gehoben, wie gezogen,
Wie getragen fühlt es sich.
Jeder Schritt ein leichtes Wagen.
Keine Angst, dass etwas sticht.

Und vertraut, so soll es bleiben.
Alles was gewonnen ist.
Leicht ein Lächeln an die Leiden,
Wenn auch eine Wolke bricht.

Da fallen mir Seneca und Goethe ein..

*"Man muss die Courage haben das zu sein, wozu uns
die Natur gemacht hat."*

(Johann Wolfgang v. Goethe)

*"Nicht weil es schwer ist, tun wir es nicht, sondern
weil wir es nicht tun, ist es schwer."*

(Seneca)

*Und wieder schimmert uns Vertrauen als ein Zau-
berwort.*

*Wenn wir unseren Vorstellungen folgen wollen,
kommen wir nicht umhin neue Wege zu gehen. Es
sind unsere Wege, wer sollte sie zuvor für uns gegangen sein.*

Vorstellungen

Klare Bilder können klingen.
Vermögen sie uns Lieder singen.
Ausdruck unser' Seele Wünsche,
Leuchten sie den rechten Weg.

*Dabei hilft uns ein gutes Vertrauen in unsere Gefühle
und unsere Intuition. Ebenso in unsere Erfahrungen,
aus denen wir freilich auch bewusst lernen und die
uns einiges abverlangt haben.*

*"Die Erfahrung ist die beste Lehrmeisterin und das
Gute daran, man bekommt auch noch Einzelunter-
richt."*

(Inge Meisel)

*Danke Inge Meisel, das ist ein hervorragender Satz,
ich möchte gern noch etwas ergänzen:*

*..und jeder Zweifler darf sich, mit einem Studium
durch die Erfahrung, elitär fühlen, denn es ist das
Teuerste.*

*Besonders tiefe, sensible Menschen, können meist auf
viel Erfahrung zurückgreifen. Licht und Schatten. Sie
erfahren ein inneres Getrieben sein, zur ständigen
Weiterentwicklung.*

*Sie sind es auch, die im Beruf oft an Unterforderung
leiden. Ihren Weg haben sie womöglich auf dem der
Erfahrung beschritten und so fehlt es zu oft an dessen
beruflicher Anerkennung.*

*Dabei können sie im richtigen Bereich, sehr wertvolle
Mitarbeiter sein. Ich bin sehr gespannt, wie sich die
Unternehmen weiterentwickeln, im Hinblick auf*

D i v e r s i t y M a n a g e m e n t.

*Ein sinn-und gewinnbringender Ansatz im eigentli-
chen Sinne, wie ich finde. So werden auch ohne ent-
sprechenden Abschluss, ebenbürtige Potentiale erkannt, genutzt und dann gefördert. Vielleicht mit der
Chance auf berufsbegleitendes Studium.*

*Ich bestaune täglich die unterschiedlichen Talente der
Menschen. Ganz gleich was dieses bisher erreicht'.*

Manchmal sind es im Besonderen die, die ihren Weg noch nicht gefunden haben und ihre Wege noch ausmalen und an Gabelungen und Kreuzungen verharren. Nicht, weil sie die Arbeit scheuen, sondern eher, weil Ihnen der Mut fehlt, vielleicht nur den nächsten Schritt als Ziel zu sehen.

Kunst zum Beispiel, ist ein hervorragender Unterstützer und Begleiter, den Anfang des eigenen Weges zu finden, Schritt um Schritt zu erkennen und den Mut zu haben, die Schritte zu gehen und in Perspektiven zu schauen.

Und als großes Ziel dann Pläne zu machen.

Es ist nicht die Rede, dass nun künftig Dichter, Maler und Bildhauer hervorgebracht werden sollen, sondern jede Kunst auf ihre Weise, hat die Fähigkeit anzusprechen und zu berühren. Und damit zu öffnen. Das ist ein Ziel. In diesem Zusammenhang ferner, vermag die Kunst Inneres auszudrücken und somit den Weg zu malen.

Für mich ein wertvoller Ansatzpunkt für unsere Gesellschaft.

Unterstützung

Kühl und kürzer schon die Tage,
Trotz die Käfer Blüten finden.
Sammeln Süßes für den Winter.
Bauen Heime in den Rinden.

Manchmal fühlt ein Halm verletzt.
Schmerzt, wenn sich die Blüte neigt.
Doch traut wenn sich die Sonne setzt,
Nun farbig aus der Tiefe zeigt.

Und manchmal kommt ganz leise,
Tief mitten in der Nacht,
Ein kleines Englein,
Legt sich bei,
So sei er dann bewacht.

Diversity Management

Hat ein großes Unternehmen
Einen Auftrag im Visier.
Zum Abschluss fehlen nun jedoch
Idee und Plan, veredelt noch
Und schließlich auf Papier.

Die Mitarbeiter des Konzerns,
Der Chef sie bürokratisch wählt,
Besetzen jeder einen Platz.
Der wird dem Einzelnen zum Schatz,
An dem sich keiner quält.

Der Unternehmer sucht nun bald
In seinen Reihen, der ihm nützt.
Studierter Kopf, strebender Sinn,
Der seinen Plan von Anbeginn,
Mit Leidenschaft auch unterstützt.

Nach kurzer Prüfung jener Lage,
Trägt die Entscheidung er allein.
Er trägt den Wunsch gleich zum Diktat,
Dem braven Sekretariat,
Ob jemand wird zu passe sein.

Als nächstes legt er seine Suche
Dem treuen Gärtner hin ans Ohr.
Wo der begeistert schon im Stillen,
Doch bald auch laut mit festem Willen,
dem Herrn schlägt seine Hilfe vor.

Der lacht und schaut sich strahlend um!
''Mein lieber, nein mein bester Mann!
Sie schaffen Gutes überall!
Doch hier ist wohl zu groß Fall.
Tut besser jeder, was er kann.''

Mit einem Schulterklopfen, scheints vertraut,
Kehrt nun der Chef ins Haus zurück.
Der beste Mann, der mutig war,
Nun schüchtern sinnt was hier geschah.
Und weiß er doch um sein Geschick.

Bald ist gelernter Kopf gefunden,
Dem Unternehmer zu gefallen.
Er stellt galant sich diesem vor
Und jener leitet ihn durchs Tor
Und zeigt ihm seine Hallen.

Nun gleich ans Werk, der Auftrag drängt.
Der Neue kennt die knappe Frist.
Studiert legt er bekannte Zahlen,
Allein die Praxis schafft ihm Qualen.
Wohl das man ihm zu viel beimisst.

So braucht er dringend guten Rat.
Dann mag entrinnen er der Pein.
Er schätzt erfahrenen Verstand
Des Mannes, der ihm gut bekannt.
Der Gärtner mag ihm Hilfe sein.

Der Freund, der seine Not erkannt,
Zögert diesem keines Wegs.
Und mit Erfahrung, Liebe, Lust
Schließt er die Pläne an die Brust.
Und ruft: "Nun Partner, stehts!"

Und zeitnah wurds ein gutes Werk!
Zum Danke wird die Hand gereicht.
Dem Einen wartet Lohn und Lob.
Der Andre duldet dies Gebot,
Trotzdem sich Beider Einsatz gleicht.

Der Unternehmer, selbstzufrieden,
Bewundert nun des Neuen Tat.
Im ganzen Haus will er ihn preisen,
Doch dieser schildert ihm im Leisen,
Wer gleichen Dank verdienet hat.

Nun sichtbar überrascht fühlt der
Sich von der Nachricht nun belehrt.
Und erst beleidigt sich zu neigen,
Lässt er sich nun die Arbeit zeigen
Und strahlt: "Den Mann maß ich verkehrt."

Aus unserer Zeit

An einem ganz normalen Tage,
Wird beglückwünscht eine Dame,
Die zuvor die Leut' bewegt
Und mit Erfolg den Eifer regt.

Als Forscherin, noch ganz bescheiden,
Will sie mit ihrem Rat begleiten.
Die Erfahrung gibt ihr Recht,
Authentisch wird es lebensecht.

Begeistert nimmt ein Herr das Wort:
"Liebe Dame, gehns nicht fort.
Nehmens sich den Abend Zeit!
Zum Lernen bin ich wohl bereit."

"Mein lieber Herr, Ihr lob in Ehren,
Den Abend kann ich nicht gewähren.
Doch will ich gern flexibel sein.
Schon morgen richt' ichs für Sie ein."

Ganz höflich und die Spur charmant
Reicht sie dem Herren ihre Hand.
Der nimmt sie und im Augenblick,
Hält er die ihre doch zurück.

"Oh Fräulein, was hat bei Ihnen Recht?
Die Arbeit macht Sie nicht zum Knecht.
So bring' ichs unter einen Hut:
Familie, Arbeit frohgemut!"

Die Frau, ein Lächeln, ganzes Glück,
zieht sie die Hand nun sanft zurück.
"Nun lieber Mann, verraten Sie mir,
Wann finden Sie die Zeit dafür?

Wann waschen, putzen, saugen Sie Staub?
Wann kochen, bügeln, fegen Sie Laub?
Wann leihen Sie ihren Kindern Ihr Ohr?
Wann lesen Sie ihnen Geschichten vor?
Wann lösen Sie all' der Schule Belangen?
Wann halten Sie all' das so fest beisammen?"

Lächelnd schaut sie und verlegen,
Dem Herrn erwartungsvoll entgegen.
Nun ernst, respektvoll sieht er sie an.
Sucht, reicht die Hand und erklärt ihr dann:

"Ich schäm mich, Kollegin, ich sags nur genau:
Was alles Sie sorgen, sorgt bei uns meine Frau."
Und mit achtungsvollem Blick,
Gibt er ihr Lächeln jetzt dankbar zurück.

Nachbarn

Das Leben, ach! Was birgt es uns.
Mal streben und mal Lebenskunst.
Ein Winken und ein Wanken.
In Lust und mal in Schranken.
Unsre Nachbarn, "Welches Glück"
Denken sich ein Missgeschick.
Als Solches uns noch unbekannt,
Erzählen sie schon einen Band.

Und so läuft man durch die Gassen,
Kann Gehörtes noch nicht fassen,
Schon trägt man am Arm Geleit:
"Armes Kind! Ich weis Bescheid!"
Wiederholt läuft man nur starr.
Fühlt sich grade wie ein Narr.
"Auf ein Wort, ich bitte, gerne!"
Doch dies geht längst in die Ferne.

Wollt man doch den Gruß erwidern,
Trotz Entsetzen in den Gliedern.
Und nach Hause trägt man sich,
Wenn es auch im Leibe sticht.
Dort des Übels Wurzel liegt.
Doch sich Sympathie auch schmiegt.
Wohl im Hofe angekommen,
Ist die Trepp' noch nicht erklommen.

Jetzt will man Vertrauen fassen,
Atmet durch und fühlt gelassen.
Doch auf ersten Stufen schon,
Hält man davon keinen Lohn.
Ohne Gruß gehn sie vorbei.
Bleibts dem Herz nicht einerlei.
Das Vertrauen will nun schwinden.
Lässt sich hier ein Freund noch finden?

Zu die Wohnung, nun Barriere,
Klopft es sachte an die Türe:
"Lieber Freund, so lass mich ein.
Will mein Ohr Dir gerne leihn."
Und der Hoffnung balde müd',
Traut man kaum dem schönen Lied.
"So bitte komm und sage mir,
Was zugetragen wurde Dir."

Und als ein Freund erwies er sich.
So saß beisammen man am Tisch.
"Wärst Dich gegen Spott und Hohn?"
"Wären doch mein trister Lohn
Blindheit nur und auch Verzagen.
So, will ich nicht gegen klagen.
Weis ich denn, wie's ihnen geht?
Wohl schwer genug, ist ihr Paket."

Beständigkeit

Und wenn ich unter Wurzeln liege,
Wird mir dann nicht mehr bange sein?
In Hast und Strauch den Atem lege,
Bin ich in Ruh dann und allein?

Was, wenn ein Rehlein mich besucht,
Wird mich dann auch die Sonne finden?
Und wenn es mich um Antwort fragt,
Wird' ich ihm frohe Botschaft künden?

So kann ich nun,
Wie jedes Mal,
Auch gleich zur Sonne treten.
Und dankbar nur,
In Zuversicht,
Die Leidenschaften leben.

Etwas so einfaches und doch so effektives – die Per-
spektive einmal wechseln, oder sich in die Rolle eines
anderen denken. Das kann einen großen Gewinn be-
deuten, doch jedenfalls eine überraschendes Erlebnis.

Ach, ich erzähle Ihnen dazu eine Geschichte.

An einem sehr schönen Sommertag, als ich an mei-
nem Schreibtisch saß, heftete ich, in ungeliebter Tä-
tigkeit, Bögen aneinander und mir fiel eine Büro-
klammer unter den Schreibtisch.

Ich schaute von oben unter den Tisch und stocherte
mit dem Fuß, in den etwas dunkleren Ecken, unter
dem Tisch nach der Klammer. Sie war nicht zu sehen.

Mein Schreibtisch ist ein recht großer, kein zu ge-
schlossener massiver Tisch. Er ist einer im Colonial
Stil gehaltener, mit genügend Sichtraum unter den
Tisch.

Nun, die Klammer blieb verschwunden, gut, ich duck-
te mich etwas hinunter. Nichts. Doch mir gefiel die
andere Sichtweise, die mich mit einem Male verein-
nahmte. Ich ''kroch'' ganz unter den Tisch. Und ich
war überwältigt, das muss für Sie nun freilich etwas
eigenartig klingen, doch es war so.

Ein im Ganzen anderes Bild bot sich mir. Ich war klein. Ich fühlte mich beinahe wie die Büroklammer, die ich zu dem Zeitpunkt übrigens noch immer nicht entdeckte. Ein riesiger Raum begann hinter dem Ausschnitt meines Tisches. Die hohen Wände, mit dem Stuck, kamen mir jetzt vor wie unendliche Mauern eines Schlosses, mein Stuhl erschien mir wie der eines Riesen, meine Schuhe, die gedrechselten Beine des Tisches, meine Tasche! Alles erschien mir wie Gegenstände aus einem Riesenland.

Der Teppich, hier so nah betrachtet, war in keiner Ecke dunkel. Hier unten herrschte eine wunderschöne Lichtstimmung und ich entdeckte, in einer Spalte zwischen dem Teppich und dem Tischgestänge, eine Glasperle, winzig klein. Doch hier unten war sie fast Regenbogen bunt und hob sich deutlich vom grau des Bodens ab. Wunderschön. Ich hab e sie liegenlassen. Und da! Meine Büroklammer, die hab' ich aber aufgehoben. So ein großes goldenes Drahtgestell!

Ich rutschte wieder vom Tisch hervor und setzte mich an meinen Schreibtisch. Ich kam mir komisch vor und mich fröstelte es. So nahm ich fix ein paar Bögen und ein paar Klammern und verkroch mich für eine kleine Weile wieder unter den Tisch und bewunderte die Welt von hier. Oh ja, ich musste auch lachen und tat es dennoch gern.

Nun, ich gewöhnte mich schnell wieder an meinen ''Riesenplatz'' am Schreibtisch, doch ich vergesse ganz sicher nicht, was ich unter dem Tisch gesehen und gelernt habe und welche schönen Eindrücke es hinterlassen hat.

Fantasie

Ein Tor ganz groß.
Der Ausgang klein.
So schnell möcht man gefangen sein.
Ein bunter Schatz,
Zum träumen, lieben!
Die Weisheit ist oft hier geblieben.

Mal geht sie fort,
Mal kehrt sie ein.
Der Gunst kann sie sich sicher sein
Weis, außerhalb im zart Empfinden,
ein gleicher Schatz ist dort zu finden.

So nehm' ich zärtlich andre Hand
Und geh mit ihr ein Stück zum Rand.
So wollen wir hinüber schaun
Und auch Empfinden tauschen.
Sein als ein Mensch,
Schaun wie ein Faun
Und tief dem andern lauschen.

*"**Morgenstund' hat Gold im Mund**" Bestimmt kennen Sie das Sprichwort. Es ist faszinierend. Haben Sie sich schon einmal nach dem Sinn gefragt?*

Ich erzähle Ihnen gern etwas dazu.

Es beginnt wieder ganz bei uns selbst, im Unterbewusstsein, dort, wo unsere Sorgen und Nöte aus unserem Alltag, aber genauso unsere Wünsche und Vorstellungen für die Zukunft, aufgefangen und verarbeitet werden.

Und legen wir uns zur Nachtruhe, entstehen in unserem Unterbewusstsein Bilder, die Lösungen für unsere Probleme und Antwort auf unsere Fragen beinhalten.

Wir träumen.

Unsere Träume entstehen nicht aus unerklärlichem Bildermaterial. Sie sind kein unbedeutendes, buntes Beiwerk unseres Schlafes. Sie übermitteln uns in Bildern die wir kennen Begriffe, die sich zu einer Lösung entwickeln lassen.

Sie werden geschaffen, aus dem Wissen unseres Unterbewusstseins, welches wir Zeit unseres Lebens aufbauen.

Wir schöpfen so, aus einem reichhaltigen Repertoire. Und da denke ich gleich wieder an: Vertrauen ist ein Zauberwort.

Der Schlaf ist zum Ausruhen und dem Verarbeiten von Aufgaben da. Zum Träumen.

Träume

Der Träume Bilder
Wie sie walten,
Des Eigen Wissen ist's
Zum Schalten.

Würde man einen Menschen mehrere Tage am Träumen hindern, würde er erkranken. Physisch und psychisch.

Deshalb bringen Sie sich nicht um den Schlaf, wenn Sie sich sorgen. Lassen Sie ihr Bewusstsein entspannen und Ihr Unterbewusstsein Möglichkeiten zur Lösung übermitteln.

Es ist faszinierend, arbeitet man sich in die Welt der Träume hinein, um deren Funktion ein wenig besser zu verstehen.

Doch wir müssen keine Traumdeuter sein, um jeden Tag unsere Möglichkeiten zu nutzen. Es reicht, wenn wir nach unserem guten Gefühl handeln. Und wieder: Vertrauen.

Das Bauchgefühl bedeutet einmal unser reines Wissen und zu dem alle unsere Möglichkeiten in diesem Moment, welche uns unser Unterbewusstsein, in Form eines Gefühls, bewusst macht.

Und so hat Morgenstund' Gold im Mund, weil wir am Morgen, den Bildern aus der Nacht noch sehr nah sind. Gleich, ob wir sie noch wissen oder nicht.

Zu Tagesbeginn ist unsere psychische Produktivität dazu und unsere Fähigkeit richtig für uns zu entscheiden, am intensivsten.

So gehe ich mit Erlebnissen und Vorhaben, Hoffnungen und Wünschen, zu Bett und wache bereichert an Träumen, Bildern und Zuversicht auf.

Gute Nacht

Lang der Tag und schon die Nacht.
Kurz gesonnen, was vollbracht.
Jetzt sollt alles leise sein,
Gedanken nur für mich allein.
Noch eine Zeit den Lieben denken
Und meinen Wünschen Träume schenken.

Und hier angekommen, denke ich noch einmal an Senecas Zitat, das Mut macht, Vorhaben zu wagen.

Und Goethe fällt mir dazu nur sinngemäß ein:

"Missen wir etwas unserer Ehre, unserem Geld und unserer Gesundheit, haben wir viel verloren. Doch haben wir keinen Mut mehr, ist alles verloren!"

Ich kann auch aus Erfahrung sprechen, wenn ich sage: Es lohnt sich, in die Tat zu kommen. Es niemals vergebliche Mühe. Auch wenn sich nicht immer das Ergebnis zeigt, welches wir ursprünglich suchten. Aus einem Schneeball, kann sonst eine mächtige Kugel werden. Prokrastination ist nichts, wofür sich jemand schämen muss. Wenn er es ändern will.

Was verkürzt mir die Zeit?

Tätigkeit!

Was macht sie unerträglich lang?

Müßiggang!

Was bringt in Schulden?

Harren und Dulden!

Was macht Gewinnen?

Nicht lange besinnen!

Was bringt zu Ehren?

Sich wehren!

(J. Wolfgang v. Goethe)

Bestimmung

Steh' ich im Raum
Unendlich groß und weit kommt er mir vor
Fühl ich den Hauch
Noch offen und nah das große Tor

Ich bin bereit
Dunkelheit reißt meine Augen auf
Tu' ich den Schritt
Mit den Worten: Gib nur nicht auf

Nun Atem tief in laute Stille,
Jeder meiner Schritte trifft.
Kann erlauben, sanfter Boden.
Wünsch' ihn sehen, sehne Licht.

Zarte Laute, dunkles Raunen,
Große Augen überall.
Fühl' sie wie ein innern Beben.
Eine Hand hält meinen Fall.

Werd' von sanfter Hand geleitet.
Halte meinen langen Schal.
Zartes Scheinen ruhiger Lichter.
Mild ein Lächeln, keine Qual.

Angekommen meines Raumes.
Ort gedacht aus Augenblick.
Licht erfüllt die hohen Wände,
Zeigt, gibt frei, des Eigen Stück.

Noch leere Seiten auf dem Tisch,
Feder, Kissen, Glas und Stiel.
Sonnenstrahl durchdringt die Faser,
Zeigt enthalten Wasserspiel.

Nehm' ich die Feder.

UNSERE NATUR

Wie müssen begreifen, dass wir nicht mit der Natur leben,

sondern das wir auch Natur sind.

Und das jeder Teil Natur, den wir zerstören,

auch einen Teil von uns zerstört.

Das Jahr

Sommer wie Winter,
Frühling, Herbst alle Zeiten!
Nicht mehr und nicht minder
Uns Leben bereiten.

Beständiger Wandel

Und so sind sie geblieben.
Trotz Froste dem Garten.
So bang der Gezeiten,
So belohnt nur das Warten.

Ihrer Stärken bestanden.
Vertrauen ihrer Stängel.
Wo Lianen riemten,
Füllten Zucker die Mängel.

Später Herbst wehte Düfte,
Der Früchte und Ähren.
Unter Schnee, unter Eis,
Durften Keime sich mehren.

Zarter Glocken ein Läuten,
Deuten Knospen Beginn.
Geben flimmernde Blüten
Sich der Fruchtreife hin.

Glühend birgt pralle Frucht,
Das Wahre aus Sonnen.
Und in goldener Luft,
Locken nun ihre Wonnen.

Über die Brücke

Flach treibt es die Wellen aufwärts
Tiefer fließt der Strom hinab
Nur ein Duft will noch erinnern
An das grüne warme Blatt.

Wenn ich nun geschlossner Augen
Durch die nahe Wiese geh'
Und auch bald sich mir kein Dufte
Von dem ahnen Schnee sich hebt
Könnt' ich kurz den Sommer fangen
Bevor der Herbst die Blätter fegt.

Eine kleine Herbstabend Geschichte

Ich saß still am Tische in meinem Wohnzimmer. Das Fenster war weit geöffnet und ich war dabei, einige Schriften zu erledigen. Es dämmerte bereits und ich schaltete das Licht ein, wodurch es draußen gleich dunkler erschien.

Ich tat nicht ein Wort. Überwältigend war dieser Duft nach Schnee und ich erinnerte mich an Bilder des Winters. Fröhliche und sehr besinnliche.

Jetzt wehte der Duft eines brennenden Kamins herein. Brennende Holzscheite ergeben so ein behagliches Dufterlebnis. Vor dem Fenster schaukelte das Weinlaub im auffrischenden Wind. Eine Krähe zog krächzend am Fenster vorbei und immer mehr Töne drangen nun von draußen zu mir herein.

Eine Frau lief mit einem Kind auf der Straße unter dem Fenster vorbei. Sie sang ein Lied und ich hörte, wie das Mädchen fröhlich nebenher tanzte. Ein Hund bellte in der Nachbarschaft, ein Mann räusperte sich und wieder der durchdringende Geruch des brennendes Holzes. Herrlich. ' Das ist herrlich', dachte ich. 'Herrlicher Herbst.'

Herbst

Herrlich der Herbst.

Im Ganzen herrlich.

Die volle Luft, von allem Lebendigem erfüllt,

kündet von sämtlichen Prozessen,

welche nun Reife und Erfüllung bringen.

Eine Landschaft vollkommen.

Groß, wie sie keine Fantasie bis hierher größer malen kann.

In Farben, die der Erde beständigen Wandel zeichnen,

wie wir es alle verstehen können.

Mit Bildern, die uns wärmend in Erinnerung bleiben.

Durch des Winters Frost,

bis zur Blüte gebetteter Samen,

ins neue Frühjahr.

Danke Herbst.

Aus dem Herbst

Nun geht es dem Winter,
Golden Zeit ist vergangen.
Bunte Wälder der Sonne
Stehen im Dunkel als Stangen.

Dieses Dunkel der Zeiten,
Diese Ruhe dem Sturme,
Ist ein Tanzen, ein Wirbeln,
Ein Erklimmen im Turme

Ein Turm dessen Stufen
Reichen in jene Sphären,
Wo wir geistig wie seelisch
Entwicklungen ehren.

Im Frühling wird frei
Für den Blick das Empfinden
Welch' im Dunkel der Zeiten
Sich in Eise lässt binden.

In den Winter

Längst im Schleier ist der Wald
Keinen Sommer mehr im Saum.
Winde ahnen schliff den Schnee
Geblättert Samen jedem Baum.

In den Straßen naher Stadt
Fließt geduldiges Getümmel.
Mancher liebt die Dunkelheit
Frühem Abend fern Gewimmel.

Auch das Kinderlachen ruht
Zur zeitig Nacht der Herbstlichkeit.
Keimt bald in stiller glitzernd Erde
Neues Jahr dem Winterkleid.

Schneeflocken

Sachte, zart und streichelnd leise
Kugeln, rollen jedem Dach,
Gleichen aus die kleinste Schneise,
Bald ein Teppich nach und nach.

Kleine, sanfte, weiße Pracht.
Still, dämmt ab zu lauten Ton.
Geben Licht in dunkler Nacht
Flocken weiß. Des Winters Lohn.

* * *

Weihnacht

Einem Feste der Düfte
Wo wir sinnen der Nacht
Wo wir lieben Vertrautes
Für das Leben gemacht.

Doch mit Mut und Vertrauen
Können tiefer wir sehn.
Lernen uns besser kennen,
Lernen andre verstehn.

Weihnachten ist
Die Wende zum Neuen.
Mit viel Glauben viel Kraft
Keinen Blick mehr zu scheuen.

Eine Weihnachtsgeschichte

In einer kleinen Wohnung, am Rande einer Groß-
stadt, lebte ein junges Paar mit ihrer kleinen Tochter.
Jasmin ist 10 Jahre alt.

Die Eltern sind verreist und so wohnt ihre Tante
Charlie übers Wochenende bei Jasmin.

„Du Charlie, ich kann aber noch nicht schlafen. Ich
muss immer zu an meine Geschichte denken, die ich
zur Weihnachtsaufführung in der Schule vortragen
soll." Jasmin guckt gar zu traurig und Charlie setzt
sich, gehüllt in ihren Bademantel, zu ihr ans Bett.
„Deine Geschichte ist ganz wundervoll, Jasmin. Ich
bin sicher, alle Zuschauer werden begeistert sein."
Jasmin bleibt traurig. „Aber meine Geschichte, wie ich
mit Mama einen Drachen bauen wollte, ist doch gar
keine richtige Drachen Geschichte, weil wir am Ende
doch gar keinen Drachen hatten, sondern einen
Herbstspaziergang machten." „Und das ist das Besondere an Deiner Geschichte. So passiert es ganz oft
im Leben, dass man sich etwas vornimmt und dann
doch etwas völlig anderes daraus wird, aber trotzdem
etwas ganz Feines. Wenn man es auch so betrachtet
und es liebt, weil man sich die Mühe gab, die man
konnte. Genauso wie in eurem Erlebnis." Charlie
lächelte und deckte Jasmin zu. „Und nun wird geschlafen." „Aber bleib noch, Charlie, bitte!"
„Einverstanden, ich bürste meine Haare und erzähle
Dir dabei von einer jungen Baronesse, die auch eine
kleine Geschichte erlebt hat, die erst ganz anders ge-

dacht war, als sie dann doch endete. Und es war nicht
nur schön, was sie erlebt hat und dennoch denkt sie
dankbar daran zurück, weil sie viel daraus gelernt
und es doch letztlich genauso kam, wie es kommen
musste.'' Jasmin kuschelte sich unter die Decke, um-
armte ihren Bären und hörte gespannt zu.

Es war vor vielen vielen Jahren, in dem Fürstentum
Pfandrukilienberg. Der herrschende Fürst, übergab
die Regierungsgeschäfte dem Reichsgrafen von Son-
nenfelden.

Einem Herrn von feiner Gestalt, mit unternehmeri-
schem Geist und wohl auch einem Sinn für das Ver-
traute. Zu seinem unmittelbaren Gefolge bei Hofe
zählen: Der Hansegraf von Wankelmut, ein lustiger
wenn auch durchtriebener Mann, zu dessen besten
Eigenschaften, die Liebe zur Etikette und Intuition
nicht zählen. Dann der Zentgraf von Waldlicht und
die Frau des Zentgrafen von Waldlicht. Beide brave
Gefolgler, mit emsiger, er mit fleißiger, sie mit neugie-
riger Natur. Ihrer Fähigkeiten kein Zweifel. Nun der
Hansevogt von Jener und die Frau des Hansevogt von
Jener. Da gibt es nicht viel zu sagen, sie sind vielerlei
Dinge erhaben. Als nächstes der Gograf von Müller-
Schulzenhof. Ein fleißiger, erfahrener Mann, zu des-
sen besten Eigenschaften wohl ohne Zweifel die Höf-
lichkeit dem Fürstentum gegenüber und die Zuverläs-
sigkeit diesem, zählt. Nun der Holzgraf von Zinnen-
tor. Dieser tut meist, was er eben tun muss. Manch-
mal in besonders guter Qualität und manchmal eben
gar nicht. Und die Frau des Bördevogt von Landgut.
Eine wankende Persönlichkeit, die ihre Zuverlässig-

keit dem Fürstentum gegenüber, noch nicht gefunden hat, was bei den Fähigkeiten, welche ihr Amt verlangt, aber auch schwer werden kann.

„Aber Charlie, das klingt ja nach einer lustigen Gemeinschaft!" Jasmin kicherte. „Nun ja, das ist es wohl manches mal auch, doch für die Baroness, brachte das nicht nur frohes." Charlie erzählte weiter.

Der Reichsgraf führt Pfandrukilienberg mit Zuversicht in steigende Gewinne. Doch zu welchem Preise! Für sein Gefolge bei Hof, fehlt ihm das offene Ohr und ein wenig mehr, das treffsichere Auge für deren Auswahl und Einsatz in der Amtsstube, sodass Manches schwerlicher gelingt als es müsste. Spott und Hohn begleiten manchen heim. Das ist schade und vor allem für die Gefolgschaft, die die Amtsstube vorrangig bilden. Ein verehrtes und liebevolles Miteinander, lebt dort selten. Allenfalls der Reichsgraf befindet sich strahlend und gerne von einem Ritter begleitet.

Nun hat die Baronesse von Herzenstein, dieses nicht schwerlich erkannt und sah sich bescheiden imstande zu unterstützen.

„Super, Charlie! Dann wurde ja alles gut. Das ist bei uns nicht anders, weißt Du, der Stefan schreibt auch die Pläne für unsere Gruppennachmittage, obwohl die Kirsten das Organisationstalent ist, aber Stefan ist einfach schneller am PC." Jasmin kichert wieder. „Gut erkannt, kleine Lady, so ist es. Okay, weiter."

Ihre Idee zur Unterstützung nahm der Reichsgraf vorerst gerne an, doch bald stießen Neid und Eifer-

sucht aus der Gefolgschaft, die Baronesse wieder davon.

„Warum denn das? Sollen sie doch froh sein." Jasmin war empört. „Ja, erst mal ist das schwer zu verstehen, weil niemand vorher den Reichsgrafen so klar um eine Chance gebeten hatte, das eigene Können zu beweisen, hatte auch niemand an solche Wirkung geglaubt und nun wurde gemunkelt, die Baronesse hätte vielleicht mehr als nur sachliche Mittel verwendet." „Du meinst sie hat getrickst?" Jasmin ist ganz aufgeregt. „Jetzt fall mir doch nicht ständig ins Wort." Charlie muss lächeln. „Nein, schau die Baronesse ist eine Frau." „Eine hübsche?" Jasmin grinst verschmitzt. „Jasmin! Jetzt ist es aber genug. Also, natürlich hat sie nicht getrickst, die Baronesse ist sehr seriös und hat sich gut vorbereitet und ihre Aufgabe sehr ernst genommen und Möglichkeiten zur Verbesserung der Abläufe ausgearbeitet. Nicht nur für das Fürstentum, das ihr dann wohl sehr am Herzen lag, sondern auch für sich selber, weil Menschen einfach ihre Leidenschaft sind und sie daraus lernen wollte und es macht so vieles einfacher, wenn die Aufgaben so verteilt sind, dass jeder mit gesundem Eifer daran gehen kann." „Wie ich beim Basten!" Jasmin strahlt. „Genau. Jetzt erzähl ich weiter." „Halt, Charlie, was ist seriös?" „Gut das Du fragst, wenn Du etwas nicht verstanden hast, behalte das immer bei." „Auch wenn ich erwachsen bin?" Jasmin staunt. „Unbedingt auch dann. Denn wenn alle gefragt hätten, die etwas nicht verstanden haben, wäre es der Baronesse vielleicht etwas leichter gewesen. Seriös bedeutet, dass etwas, das jemand tut, mit sehr viel Ernst und Bedacht getan

wird. Bedacht auf die Sicherheit aller, vor allem derer, für die derjenige Verantwortung trägt. Und nun weiter in der Geschichte, Du musst gleich schlafen, Jasmin."

Nun also, nachdem der Reichsgraf und die Baronesse alle Einzelheiten geklärt hatten, fuhr der Reichsgraf für einige Wochen weg. Die Geschäfte übertrug er einem Hansegraf.

„Welchem?" „Da kommst Du bestimmt selber drauf, wenn Du die Figuren aufmerksam betrachtest."

Nun begann eine schwierige Zeit für die Baronesse. Ihre Taten und Absprachen mit dem Reichsgrafen wurden vom Hansegrafen unaufmerksam aufgenommen und dadurch verdreht und zu dem noch wenig ernst genommen, sodann sendete der Bote falsche Nachricht an den Reichsgrafen.

Die Baronesse bekam kein Wort und verließ die Amtsstube. Sie kämpfte kurz allein, doch ließ dann ab.

„Oh je! Die arme Baronesse." Jasmin schaute mitleidig. „Zuerst ja, die Baronesse hatte ja nicht nur für sich so hart gearbeitet, sondern hatte Verantwortung andere Menschen und deshalb war sie wohl auch recht forsch gewesen. Das gab ihr ein wenig zu denken und dann war die Sache schon wieder gut." „Wieso das? Einfach so gut, wo es erst so traurig war?" Jasmin verstand nicht. „Na, es ist, wie ich Dir sagte, wie in Deiner Geschichte, erst gibt es ein Ziel und wenn man es verfolgt und sich der Sache mit Liebe hingibt, entsteht, was entstehen muss und so hat unsere Barones-

se aus dieser Geschichte sehr viel gelernt. Über sich, ihr Verhalten damals, ihre Ansichten später dazu, über die anderen Menschen, ihre Stärken, ihre liebenswerten Schwächen und das es goldrichtig war, ihr Ziel zu verfolgen, ob es nun dort endete wo sie es sich zu Anfangs dachte, oder dort, wo sie ihr Weg dann eigentlich hinführte und dazu trug dieses Erleben wesentlich bei und deshalb war sie dann sogar dankbar für diese wirre Zeit." Charlie lachte. „Eine tolle Geschichte, Charlie! Und was war ihr eigentlicher Weg?" „ Das erzähl ich Dir ein andermal. Jetzt wird geschlafen. Und ich bin sicher, Deine Zuschauer Deine Geschichte mindestens genauso spannend finden. Ich war begeistert, als mich Deine Mama anrief und mir erzählte, wie ihr einen Drachen bauen wolltet und es dann in einem Herbstspaziergang endete, bei dem ihr auf einen Bauernhof eingeladen werdet, die Ernte erlebt, euch Äpfel aussuchen dürft und Du auf dem Traktor mitfahren durftest und am Ende die Mama in einer riesigen Matschpfütze landet, weil sie ein Häschen einfängt und ihr noch zum Erntedank fest eingeladen werdet. Ein Hammererlebnis! Es wird allen gefallen." „Das glaub ich jetzt auch. Gute Nacht, Charlie und danke für die Geschichte." Jasmin kuschelt und schließt die Augen. „ Gute Nacht, Jasmin, ich danke Dir!" „Charlie?" „Ja, Jasmin?" „Und ist die Baronesse mal wieder in die Amtsstube gegangen?" „An Weihnachten, da hat sie etwas unter den Baum gelegt." „Und…wa…" weiter kam Jasmin nicht, da war sie schon eingeschlafen.

Vergangenheit darf endlich ruhn
Gegenwart gibt uns zu tun
Zukunft wir erträumen

Und bald nun folgt die errechnete Jahreswende.
Ich wünsche Ihnen für diesen Tag und das neue
Jahr, viel Vertrauen in Ihre Möglichkeiten und
recht viel Mut, für Ihre Träume.

SINNGEDICHTE & -ZEILEN

Bauchgefühl

Ich wollte
Doch ich kann es nicht
Ich fühle wie mich etwas sticht

Ich wollte
Doch ich tu es nicht
Weil etwas in mir wiederspricht.

Sinnigkeit

Schwächen gehören zum Wesen.
Sie machen einen Charakter vollkommen
und authentisch.
Ist deren Entwicklung nicht ein Teil des Sinns
unseres Lebens?

Politik

Es ist durchaus ein Unterschied,
Ob mit geistreicher Ironie argumentiert wird,
Oder durch anmaßende Beleidigungen
Der Gegner zu schwächen gesucht werden soll.

Heute

Die guten Seiten der neuen Zeit.

Endlich

Kontrolle ist gut
Vertrauen ist besser.

Erfahrung

Ihr Wort gnä' Frau,
Nicht aus meinen Gedanken.
Und wähl ich denn anders
Muss doch auch Ihnen ich danken.

Am frühen Morgen

Klitzekleine Sternenspitzen
Blitzen auf der kühlen Haut.
Feuchter Wind verwirbelt Locken,
Weißer Schleier, Nebel taut.

Odem tief! Flieg über Brücken
Mein Gefühl gefasst bei mir.
Es entlockt mir pures Lächeln
So ein Glück, zu sein jetzt hier.

Und in einem kleinen Rahmen
Dieser Zeit, Sekunden nur,
Darf, was ich schau mir gehören!
Gleich drauf wieder weite Spur.

Flieger nah dem Boden fahren
Wie eingeklinkt und souverän!
Laute Düsen, Luftgeräusche
So gerne bleib ich dafür stehn.

Unter mir, das Flussbett trägt ihn,
Großer Dampfer lang und schmal.
Auf den Brücken wir uns winken
Jeder steuert seinem Rad.

Kleine Tropfen statt der Sterne.
Sonnenstrahlen noch ganz zart.
Nehm' das Lächeln mit nach Hause
Geb es her, wem, der es mag.

Frankfurt am Main

Im alten Kern der Stadt, dem schönen,
Will ich so manche Zeit verweilen.
Kann ich der Sinne Tänze hören
Und in Zeilen dann beschreiben.

Orte, Häuser, feiner Park,
Nichts hält sich vor mir verborgen.
Ehre ich, was ich so mag
Löst es mir verwunden Sorgen.

Dann winden sich der Blüten Ränke
Ganz zauberhaft in mein Gefühl
Und blick ich dann der liebend Bänke,
Der scheinbar Ordnung ein Gewühl.

Dann will ich frei die Seele lassen!
Sie pflückt sich Blüten. Lauscht der Leut'.
Dort könnt ich manch' Termin verpassen
Doch bleibt es bei der Stunde heut.

Zum Geburtstag

Zum Geburtstag alles Gute!
Zum Geburtstag ganz viel Glück!
Sollt das etwa noch nicht reichen
Lass mir Zeit, ich denk zurück.

Ich denk an die Anfangszeiten
Wo es schwerer war als jetzt.
Wo kein Weg ganz fest getreten
Und die Bänk am Rand besetzt.

Erinner' mich der kargen Tage,
Tage auch mit Stress und Leid.
Nahmen für das große Leben
Hier und da zu wenig Zeit.

Muss doch lächeln!
War nicht vieles Wunder-Bar?
Lust und Leid und viel Erfahrung
Und wir blieben uns so nah.
Haben alles überstanden.
Worauf kommt es wirklich an?

Auf Vertrauen, Liebe, Freundschaft
Und Entwicklung. Denk' nur dran.

Alles Gute, sind dann Freundschaft
Und die Liebe und Vertrauen.
Und das Glück, so welch' zu finden
Auf die Du liebevoll kannst baun.

So mein Wunsch, hab
Alles Gute!
Zum Geburtstag ganz
Viel Glück!

Jedes Lebensjahr

*Und
wenn ein Wunsch
Besonders groß
Auf deiner Liste steht,
Verlier ihn nicht
Vertrau auf ihn,
Weil diese Sehnsucht
Dann bestimmt
Auch in Erfüllung
Geht!*

Nun ist es Abschiedszeit und ich hoffe, von Herzen nur, dass Ihnen meine Zeilen und darin enthaltenen Gedanken und Erfahrungen, sowie die Poesie, gefallen haben.

Und ich hoffe außerdem, Sie waren gern gemeinsam mit mir, im Buch unterwegs.

Und so nehme ich mir Gotthold Ephraim Lessing zur Seite und sage es mit einem Gedicht von ihm:

Ihre Catrin du Coeur

Abschied an den Leser

Wenn du von allem dem, was diese Blätter füllt,
Mein Leser, nichts des Dankes wert gefunden:
So sei mir wenigstens für das verbunden,
Was ich zurückbehielt.

(G. E. Lessing)

In besonderer Liebe meiner Familie und engsten Freunden.

Catrin

Inhaltsangabe zur Poesie